Inhalt

Bilanzierung von Aktienoptionsplänen

Kernthesen

Beitrag

Fallbeispiele

Weiterführende Literatur

Impressum

Bilanzierung von Aktienoptionsplänen

A.Kaindl

Kernthesen

- Bislang gibt es keinen nationalen bzw. internationalen Rechnungslegungsstandard zur Bilanzierung von Aktienoptionsplänen an Mitarbeiter.
- Der International Accounting Standards Board (IASB) hat am 7. November 2002 einen Standardentwurf zur Bilanzierung von aktienorientierten Entgeltformen veröffentlicht. Dieser sieht eine aufwandswirksame Erfassung von Aktienoptionsplänen vor.
- Der Vorschlag des IASB fand nicht nur Befürworter sondern auch Kritiker. Die neue Rechnungslegungsvorschrift wird zu

weitreichenden Konsequenzen bei den betroffenen Unternehmen führen.

Beitrag

Konvergenzbestrebungen

Die Diskussion über die Bilanzierung von Aktienoptionsplänen an Mitarbeiter in Unternehmen hat in der Fachwelt in den vergangenen Jahren zu größeren Kontroversen geführt. Dabei ging es grundsätzlich um die Frage, ob die Gewährung von Aktienoptionen an Mitarbeiter zu Personalaufwand führt oder nicht. (8)

Ein häufig vorgebrachtes Argument gegen das Verbuchen von Aktienoptionsprogrammen im Jahresabschluss ist, dass deren Wert unsicher ist und von der zukünftigen Entwicklung der Aktie abhängt. Dieses Argument ist nicht ganz stichhaltig, da der Wert vieler im Jahresabschluss bilanzierter Positionen von der zukünftigen Entwicklung abhängt und damit nicht genau ermittelbar ist. (4)

Bislang gibt es keinen internationalen Bilanzierungsstandard zur Behandlung von aktienbasierten Entlohnungen. Derzeit berücksichtigen viele Unternehmen Optionen auf Wertpapiere der eigenen Gesellschaft nicht in ihren Jahresabschlüssen, mit der Folge, dass Aufwandsposten zu niedrig und das Jahresergebnis zu hoch ausgewiesen werden. Die Kosten von Aktienoptionsprogrammen und ein Hinweis darauf, dass ausgeübte Aktienoptionen den Gewinn pro Aktie schmälern, müssen Firmen nur im Anhang ihres Jahresabschlusses angeben. (9), (10)

Weltweit sind die Verantwortlichen für die Festlegung von Bilanzierungsstandards für eine Verbesserung der bestehenden Bilanzierungsregeln für Aktienoptionen eingetreten und haben eindeutigere Regelungen für deren Bilanzierung gefordert. Der IASB hat am 7. November 2002 einen Standardentwurf ED 2 Share-based Payment (ED: Exposure Draft) veröffentlicht. Mit der Veröffentlichung des Standardentwurfs wird erstmals weltweit eine Konvergenz zur Bilanzierung aktienorientierter Entgeltformen angestrebt.

Das Deutsche Rechnungslegungs Standards Committee e.V. hatte bereits im Juni 2001 den Entwurf E-DRS 11 zur Bilanzierung von Aktienoptionsplänen und ähnlichen Entgeltformen veröffentlicht. Beide Entwürfe sehen eine aufwandswirksame Berücksichtigung von aktienbasierten Entlohnungen in der Gewinn- und

Verlustrechnung (GuV) vor. E-DRS 11 soll nunmehr gleichzeitig mit ED 2 in einen endgültigen Standard überführt werden. Der US-Standardsetter FASB (Financial Accounting Standards Board) wird über die Unterschiede zwischen den US-Bilanzierungsregeln und dem Entwurf des IASB beraten und eine Angleichung der Rechnungslegungsstandards diskutieren. (3), (5), (6), (8), (10)

Das Grundkonzept des Standardentwurfs bildet die Überlegung, dass es für die bilanzielle Erfassung von empfangenen Gütern oder Leistungen unerheblich ist, ob ein Unternehmen diese in Geld bezahlt oder in Form von Aktienoptionen. Dem Unternehmen entstehen auf jedem Fall Aufwendungen, die zu erfassen sind. Im Fall erhaltener Güter sind die Aufwendungen zu aktivieren oder im Fall von Dienstleistungen und Mitarbeiterleistungen als Personalaufwand zu erfassen. (8)

Wesentliche Vorschläge des Standardentwurfs

Der Standardentwurf ED 2 enthält i.w. folgende Vorschläge:

Es sind alle am Eigenkapital orientierten Entgeltformen zu bilanzieren. Die Bewertung erfolgt mit einem am Fair Value (Marktpreis) orientierten Wert. Der Wert einer Option setzt sich aus dem inneren Wert (Differenz zwischen aktuellem Kurs und Ausübungspreis) und dem Zeitwert (Berücksichtigung der Erwartung steigender Kurse) zusammen. Als Bewertungszeitpunkt gilt das Datum zu dem die Güter und Dienstleitungen bezogen werden oder der Zeitpunkt der Zusage einer aktienorientierten Entgeltform gegenüber dem Mitarbeiter. Besteht für die Bewertung einer Aktienoption kein feststellbarer Marktpreis, ist ein Optionspreismodell für die Bewertung zu verwenden. Es wird kein Berechnungsmodell vorgeschrieben, allerdings ist offenzulegen, wie die Bewertung vorgenommen wurde. (10)

Der Standard soll für Geschäftsjahre gelten, die nach dem 31. Dezember 2003 beginnen. Auf Aktienoptionsprogramme oder Barvergütungsmodelle, die nach der Veröffentlichung des Standardentwurfs (7. Novemver 2002) zugesagt wurden und deren Sperrfrist zum Zeitpunkt der Verabschiedung des Standards noch besteht, sind die Vorgaben des Standards bereits vor dem 31. Dezember 2003 anzuwenden. (8)

Kritik am vorgeschlagenen Bilanzierungsstandard

Bei richtiger Ausgestaltung sind Aktienoptionen im Normalfall ein sinnvolles Instrument zur langfristig erfolgsorientierten Vergütung von Mitarbeitern. Die vom IASB vorgeschlagene Bilanzierungsregel überzeugt nicht vollständig, weil diese besagt, dass anstelle einer Barvergütung gewährte Optionen nicht nur einen Verwässungseffekt aus der bedingten Kapitalerhöhung auslösen, sondern zusätzlich eine sofortige Aufwandsbuchung in der GuV bedingen. Tatsächlich handelt es sich aber um ein Anreizinstrument, dessen Wert nur schwer zu bestimmen ist und das bereits durch die Verwässerung von den Aktionären voll getragen wird. (7)

Nach Ansicht von Kritikern sehen sich deutsche Unternehmen, die ihre Aktienoptionen nicht im Personalaufwand aufführen, zu Unrecht dem Vorwurf der Bilanzverschleierung ausgesetzt. Das deutsche Handelsrecht kennt keine expliziten Bilanzierungsvorschriften für Aktienoptionen. Es ist aber falsch, darin eine Regelungslücke zu sehen. Viel wichtiger wäre die Sicherstellung einer konsequent höheren Transparenz. In Deutschland müssen Optionspläne von der Hauptversammlung beschlossen werden. Den Aktionären ist es fast unmöglich, unterschiedliche Aktienoptionsmodelle zu vergleichen und sich ein Bild über die beschlossene Vergütung zu machen. Dieses Problem sollte nicht durch eine pauschale, gleichförmige Bilanzierung gelöst werden, sondern durch eine höhere Transparenz der Unternehmensberichterstattung. Unternehmen sollten verpflichtet werden, die Systematik und die Grundsätze ihrer Vergütung zu beschreiben. Die Verteilung von Optionsrechten wird derzeit auf der Hauptversammlung nur nach einer groben Gruppeneinteilung veröffentlicht. Diese macht es dem Aktionär nicht möglich, auf das individuelle Volumen zu schließen. (2)

Fallbeispiele

Zurzeit sieht die US-amerikanische Rechnungslegung US-GAAP vor, dass unter bestimmten Voraussetzungen Aktienoptionen nur mit dem inneren Wert in der GuV zu erfassen sind. Die meisten Unternehmen nutzten dies vorteilhaft: Sie setzten den Preis, zu dem die Aktie erworben werden darf, mit dem aktuellen Kurs gleich, sodass der innere Wert gleich Null ist. Das führte dazu, dass sehr viele

Unternehmen in den USA zwar umfangreiche Optionsprogramme hatten, diese jedoch zu keinem Aufwand in der GuV führten. Auch nach IAS bilanzierende Unternehmen konnten diese Regelung nutzen, weil die IAS mangels eigener Normen gestatteten, ersatzweise die US-GAAP zu verwenden. Ein Beispiel ist die Deutsche Post. Eine Sprecherin konnte jedoch die Höhe des künftigen Aufwandes durch die wahrscheinliche Neuregelung noch nicht angeben. (3)

Nach einer Studie von Credit Suisse First Boston können die Auswirkungen der Erfassung von gewährten Aktienoptionen als Aufwand auf das Ergebnis eines Unternehmens enorm sein. Danach hätte das durchschnittliche Nachsteuerergebnis bei Software-Unternehmen im Jahr 2001 um 35 Prozent, bei Industrieunternehmen um 4 Prozent niedriger gelegen. (3)

Trotz der geringeren Gewinne sind viele Unternehmen unter dem Eindruck der Bilanzskandale um Enron und Worldcom freiwillig dazu übergegangen, Aktienoptionsprogramme als Aufwand zu erfassen. In den USA zählen hierzu bspw. General Electric und Amazon.com. (3)

Für die Ermittlung des S&P-500-Index unterzieht die Ratingagentur Standard & Poors die Jahresergebnisse der einbezogenen Unternehmen einer einheitlichen Bewertung. Dabei wird in wesentlichen Punkten synchron zu den neuesten IAS-Entwürfen vorgegangen und deren Auswirkungen auf die Unternehmensgewinne ermittelt. Die Verbuchung von Aktienoptionen bildet dabei einen wesentlichen Korrekturposten. Im Technologiesektor ergab sich durch die Berücksichtigung der Mitarbeiteroptionen als Aufwand, dass die Unternehmensverluste für die 12 Monate bis 2002 um rund 70 Prozent höher ausfielen. (6)

SAP, der größte europäische Softwarekonzern, veröffentlicht in seinen Quartalsberichten die Kosten von Aktienoptionsprogrammen. Mit der Veröffentlichung setzt Marktführer SAP seine Wettbewerber in ihrem Heimatmarkt USA mächtig unter Druck. Diese wehren sich schon länger gegen eine Verbuchung von Optionskosten. SAP geht damit einen wichtigen Schritt auf dem Weg Unternehmensbilanzen aussagekräftiger zu machen. Das Walldorfer Softwarehaus folgt damit in konsequenter Weise dem jüngsten Entwurf des DRSC. (4), (9)

Weiterführende Literatur

(1) IASB fordert Bilanzierungspflicht, Keine Zukunft

für Aktienoptionen?, Computerwoche vom 11.10.2002, Nr. 41, S. 68
aus Versicherungswirtschaft, 1.12.2002, 57.Jg., Nr. 23, S. 1874

(2) Bilanzierung von Aktienoptionen in Deutschland - Eine Geisterdiskussion
aus Going Public, Heft 11/2002, S. 65-66

(3) Firmen generieren entsprechend geringere Gewinne Aktienoptionen sollen nach IAS als Aufwand verbucht werden
aus Die Welt, Jg. 52, 07.11.2002, Nr. 260, S. 21

(4) Mehr Transparenz beim Jahresabschluss Die Kosten von Aktienoptionen gehören in die Bilanzen
aus FTD Financial Times Deutschland vom 11.10.2002, Seite 34

(5) Aktienoptionen sollen als Aufwand verbucht werden Neue IASB-Standards würden Firmengewinne schmälern
aus FTD Financial Times Deutschland vom 07.11.2002, Seite 21

(6) Geprüfte Gewinne Nach den zahllosen Finanzskandalen mehren sich die Hoffnungen auf international standardisierte Bilanzierungsregeln. Diskutiert wird ein Entwurf, der die einheitliche Verbuchung von Aktienoptionen für Mitarbeiter vorsieht
aus FTD Financial Times Deutschland vom 29.11.2002,

Seite WE8

(7) Aktienoptionen: Auch der IASB-Vorschlag überzeugt nicht
aus Börsen-Zeitung, 08.11.2002, Nummer 216, Seite 8

(8) Aktienoptionen sind als Aufwand zu erfassen
aus Frankfurter Allgemeine Zeitung, 25.11.2002, Nr. 274, S. 23

(9) SAP stellt Profitabilität seiner Konkurrenten in Frage Konzern veröffentlicht Kosten für Aktienoptionen der Wettbewerber " Plattner kontert Analystenprognosen
aus FTD Financial Times Deutschland vom 09.10.2002, Seite 1

(10) IASB schließt Bilanzierungslücke Aufwandswirksame Buchung von Aktienoptionen
aus Börsen-Zeitung, 08.11.2002, Nummer 216, Seite 6

(11) Eine große Lücke geschlossen
aus Börsen-Zeitung, 08.11.2002, Nummer 216, Seite 8

Impressum

Bilanzierung von Aktienoptionsplänen

Bibliografische Information der deutschen Nationalbibliothek

Die Deutsche Nationalbibliothek verzeichnet diese Publikation in der deutschen Nationalbibliografie; detaillierte bibliografische Daten sind im Internet über http://dnb.d-nb.de abrufbar.

ISBN: 978-3-7379-1167-2

© 2015 GBI-Genios Deutsche Wirtschaftsdatenbank GmbH, Freischützstraße 96, 81927 München, www.genios.de

Alle Rechte vorbehalten. Dieses Werk ist einschließlich aller seiner Teile – z.B. Texte, Tabellen und Grafiken - urheberrechtlich geschützt. Jede Verwertung außerhalb der Grenzen des Urheberrechtsgesetzes bedarf der vorherigen Zustimmung des Verlags. Dies gilt insbesondere auch für auszugsweise Nachdrucke, fotomechanische Vervielfältigungen (Fotokopie/Mikroskopie), Übersetzungen, Auswertungen durch Datenbanken oder ähnliche Einrichtungen und die Einspeicherung und Verarbeitung in elektronischen Systemen.